Agradeço por ser minha mãe.

Por causa de você, mãe

Escrito por Kobi Yamada • Ilustrado por Natalie Russell

EDITORA

Por causa de você, mãe,
eu sei o que é o amor.

Aprendi o que é a bondade
e, mais ainda, aprendi a senti-la.

Você me mostrou que cuidar do outro é tudo.

2
8
9
10
29

Por causa de você,
saúdo o amanhã e
tudo o que ele traz.

Eu tenho coragem de ir um pouco mais longe
e chegar um pouco mais alto.

96
70

Sei como partir mundo afora.
E como voltar para casa.

Por causa de você, mãe, eu sinto que há alguém que me ama e cuida de mim.

Não importa onde eu vá,
você está comigo.

Toda vez que descubro uma coisa nova,
quero dizer "Mãe, venha ver".

5
8

Por causa de você, tenho
alguém que acredita em mim.

Você me ajudou a ver que, embora a vida possa ser dura, eu também posso ser.

Você sempre esteve por perto
quando mais precisei.

Por causa de você, mãe, sei quem eu sou.

E mesmo que eu não diga,
agradeço a você todos os dias.

Por causa de você, eu sou assim.

TÍTULO ORIGINAL *Because of you, mom*
Escrito por Kobi Yamada
Ilustrado por Natalie Russell

DIREÇÃO EDITORIAL Marco Garcia
TRADUÇÃO E REVISÃO Equipe VR
DIAGRAMAÇÃO WAP Studio

Dados Internacionais de Catalogação na Publicação (CIP)
(Câmara Brasileira do Livro, SP, Brasil)

Yamada, Kobi
Por causa de você, mãe / Kobi Yamada; ilustração Natalie Russell; [tradução Marco Garcia]. – 1. ed. – Cotia, SP: VR Editora, 2023.

Título original: Because of you, mom.
ISBN 978-85-507-0400-5

1. Filhos – Criação 2. Mães e filhos – Relacionamentos
3. Maternidade I. Russell, Natalie. II. Título.

23-146134 CDD-649.1

Índices para catálogo sistemático:
1. Mães e filhos : Relações familiares: Vida familiar 649.1
Aline Graziele Benitez – Bibliotecária – CRB-1/3129

VR EDITORA S.A.
Av. Paulista, 1337 – Conj. 11 | Bela Vista
CEP 01311-200 | São Paulo | SP
vreditora.com.br | editoras@vreditoras.com.br

SUA OPINIÃO É MUITO IMPORTANTE
Mande um e-mail para **opiniao@vreditoras.com.br**
com o título deste livro no campo "Assunto".

1ª edição, abr. 2023 | 2ª reimp. ago. 2025
FONTES DK Nouveau Crayon 20/23pt;
Caecilia LT Std 7/9pt
PAPEL Couché Fosco 150g/m²
IMPRESSÃO Gráfica Santa Marta
LOTE GSM050825

Te amo